아카샤Akasha

천숙녀 시조집

아카샤 Akasha

-레이어 제로, 기억의 첫 지층

건강신문사
www.kksm.co.kr

시인의 말

아카샤-레이어 제로, 기억의 첫 지층

기술이 시가 되고, 시가 길이 되는
기술과 시가 처음으로 손을 잡는 자리입니다.

저는 한민족독도사관 관장으로서
'독도'의 지명을 문화예술로 승화시키겠다는 일념으로
40여 년, 사회운동의 쉼 없는 걸음을 걸어 왔습니다.

지금은,
블록체인 시대의 최전선에서, '기억의 지층' 위에
시조 시인으로서
새로운 문학의 길을 쓰고 있습니다.

블록체인, 인공지능, 그리고 Web3의 세계는
인간의 감성과는 동떨어진 차가운 언어로 느껴졌습니다.
그러나
그 안에도 인간의 꿈과 철학,
기다림과 약속이 담겨 있음을 발견하고,
그 언어를 시로 옮기기 시작했습니다.

시는 울림이라고 생각합니다

아카샤 시집은
블록체인 생태계의 구조와 개념을 시로 노래하며,
그 기술 속에 살아 숨 쉬는 '사람'과 '신념'을 비춥니다.

'아카샤'는 기억의 저장소이며,
우리가 걸어가는 길 위에 새겨지는

첫 발자국의 이름입니다.

이 시집은
새로운 기술을 공부하는 이에게는 다리가 되고,
오래도록 시를 사랑해 온 이에게는
새로운 눈으로 세상을 바라보는 창이 되기를 희망합니다.
시인의 이름으로,
기술과 문학이 손을 맞잡는 이 길을 함께 걸어가고 싶습니다

천숙녀

차례

시인의 말 • 4

1부 기원의 불씨를 옮기다

아카샤 Akasha • 16
레이어 제로 Layer Zero • 17
블록 Block • 18
트랜잭션 Transaction • 19
컨센서스 Consensus • 20
지갑 Wallet • 21
탈중앙 Decentralized • 22
퍼블릭 체인 Public Chain • 23
프라이빗 키 Private Key • 24
탈중앙 지갑 DeFi Wallet • 25
영지식증명 ZKP • 26
온 체인 On chain • 27

2부 세상을 향하여

아키타 라이더 Akita Rider • 30

오늘, 여기 • 31

아카샤 Akasha 1 • 32

아카샤 Akasha 2 • 33

레이어 제로 Layer Zero 1 • 34

레이어 제로 Layer Zero 2 • 35

Layer 0 가 Layer 1 에게 1 • 36

Layer 0 가 Layer 1 에게 2 • 37

Layer 0 가 Layer 1 에게 3 • 38

레이어 원 Layer One 1 • 39

레이어 원 Layer One 2 • 40

AI 센터 • 41

3부 연결의 문을 여는 손

브릿지 Bridge • 44
Super Nodes & Guardian Nodes 길 1 • 45
Super Nodes & Guardian Nodes 길 2 • 46
Super Nodes & Guardian Nodes 하나 • 47
Super Nodes & Guardian Nodes 둘 • 48
Super Nodes & Guardian Nodes 셋 • 49
Bitcoin Black Card 하나 • 50
Bitcoin Black Card 둘 • 51
Bitcoin Black Card 셋 • 52
Bitcoin Black Card 넷 • 53
패시브 인컴 Passive Income • 54
음복을 놓으며 • 56

4부 네트워크의 맥박

포트폴리오 Portfolio • 58
슈퍼노드 Super Node & 가디언노드 Guardian Node • 59
인셉션 블록체인 Inception Blockchain • 60
OTC Over-the-counter 1 • 61
OTC Over-the-counter 2 • 62
OTC Over-the-counter 3 • 63
OTC Over-the-counter 4 • 64
암호화폐의 시간 • 65
베어마켓 Bear Market • 66
런치패드 Launchpad • 67
아카샤슈퍼브릿지 akashabridge • 68

5부 존재를 증명하는 눈동자

NFT Non-Fungible Token ① • 70
NFT Non-Fungible Token ② • 71
NFT Non-Fungible Token ③ • 72
NFT Non-Fungible Token ④ • 73
NFT Non-Fungible Token ⑤ • 74
메타버스 Mteaverse ① • 75
메타버스 Mteaverse ② • 76
메타버스 Mteaverse ③ • 77
에어드랍 Air Drop • 78
뼈 마디들 • 80
피그말리온 Pygmalion 효과 • 81

6부 불가능의 다리를 건너다

느티나무 • 84

별자리 • 85

죽비 竹篦 • 86

불씨 • 87

햇살처럼 • 88

오후 2시 • 89

보물함 • 90

솔리드 SOLID • 91

에드벌룬 adballoon • 92

그루터기 • 93

진화, 조카의 노래 • 94

숲답기 위해 • 96

숲의 몸짓 • 98

앤디 ANDY-Shill & chill • 100

덱스넷 DEXnet • 102

7부 기술과 신념의 언어

아카샤코인 Akasha Coin • 104
호들 HODL 앱 • 106
유동성 제공 Provide Liquidity • 107
스테이블코인 Stablecoin ① • 108
스테이블코인 Stablecoin ② • 109
스테이블코인 Stablecoin ③ • 110
블록 위의 약속 • 111
트루브레스 • 112
넥소라 Nexora그날의 현장 • 113
킴바 Kimba • 114
탐험가의 눈 • 115
자금세탁방지법AML, Anti-Money Laundering • 116

해설 오인택 • 117
시대를 꿰뚫는 시인의 눈,
기술 위에 피어난 인문학적 성찰

1부
기원의 불씨를 옮기다

-기술이라는 불씨, 철학으로 태어나다

아카샤 Akasha
- 시작은 숨결이었다

보이지 않는 것들 속에
우주의 씨앗이 자란다

말 이전의 진동과 숨결
그것이 곧 아카샤였다

숨결인
우주의 처음 말
고요속에 울린다

레이어 제로 Layer Zero
-체인의 맨 밑바닥에서

연결이 태어나는 곳
그곳은 땅이 아니라 공간이었다

가장 낮은데서
모든 것을 받쳐 올린다

뿌리여
바닥에서 솟는 힘
침묵으로 잇는다

블록 Block
-기억의 집 한 채

한 덩이 기억이
시간을 품고 굳는다

블록 하나 사는 이야기를
데이터로 바꾸었다

기록은
집이 되었고
시간에 살을 입힌다

트랜잭션 Transaction
-믿음을 옮기는 손길

거래는 돈이 아니라
신뢰를 옮기는 일

말하지 않아도 인정하는
보이지 않는 약속

믿음 속
숫자 너머의 약속
손끝으로 전한다

컨센서스 Consensus
-합의의 꽃이 피기까지

긴 대화, 다름속에서
같음을 찾아가는 일

정적 끝의 사인 하나가
모두의 고개를 끄덕이게 했다

침묵 뒤
피어난 말 한 송이
하나가 되었다

지갑 Wallet
-나를 담는 그릇

지갑은 가죽이 아니라
정체성을 담는 그릇

내 모든 주소를
그 안에 접어 넣었다

증표야
숫자 속 나를 품고
조용히 열리네

탈중앙 Decentralized
-중심 없는 중심

한 사람을 위한 시스템
모든 이가 주인이 되었다

중심은 흩어졌고
권력은 둘러빈있다

질서가
되살아났다
주인들이 환하다

퍼블릭 체인 Public Chain
-모두가 읽을 수 있는 장부

누구도 감출 수 없는
개방된 장부이며

빛 속에서 우리는
맑았고 투명해졌다

펼쳐진
열린 책 한 권
진심이 찍혔다

프라이빗 키 Private Key
-나만이 여는 암호

세상이 물어와도
나는 말하지 않는다

나만의 열쇠 하나의 비밀이
모든 것을 지킨다

침묵 속
열쇠 하나가
나의 힘, 내일이다

탈중앙 지갑 DeFi Wallet
-은행 없이 사는 법

은행 없이 자산을 옮기고
금융 없이 신뢰를 나눈다

가벼운 주머니에
세계가 담겼다

내 손의
자유 한 줌이
중앙 없는 부富였다

영지식증명 ZKP
-증명하되 보여주지 않는다

보여주지 않고
입증하는 기술이다

말 없는 신뢰 속에서
개인은 존엄을 지킨다

입증은
드러냄 없지만
존재의 증거다

온 체인 On chain
-세상은 체인 위에 기록된다

우리의 결정과
우리의 눈물까지도

이제는 체인 위에 남는다
역사는 삭제되지 않는다

영원한
발자국 하나
코드는 말[言]이었다

2부
세상을 향하여

- 레이어 제로, 현실을 잇는 다리

아키타 라이더 Akita Rider
-AI의 심장을 품고

AI의 심장을 품은
초록의 별 하나

빛나는 흐름 따라
암호의 결을 엮는다

온 세상
편안해지도록
부챗살처럼 펼쳤다

오늘, 여기
-콘크리트 위의 다이아몬드

오늘, 여기 아키타라이더
가족처럼 둘러앉아

없어선 아니 될 중심을 세우려고

깊숙이
콘크리트 몸
다이아로 박혔다

우리는 다이아몬드
가장 밑불, 뜨거운 불

쇠망치에도 깨지지 않는 콘크리트 바닥 되어

층층이
쌓아올린 탑
아키타의 기둥 되었다

아카샤 Akasha 1
-태초의 진동

태초의 숨결이여
빛보다 먼저였는가
소리없는 진동으로
우주의 씨앗 틔웠다

깨어난
별빛의 암호
그 이름, 레이어 제로

하늘이 열리는 날
생명의 코드가 빛나고
오월의 향기 따라
벌떼처럼 깨어난다

지혜의
부름을 따라
기억의 강을 거슬러 간다

아카샤 Akasha 2
-하나의 체인

체인 위의 체인들

성곽처럼 나뉘었을 때

물처럼 흘러 흘러

하나의 길을 열었다

그 이름

레이어 제로

분절된 세상을 꿴다

레이어 제로 Layer Zero 1
-기다림의 해방

그동안 레이어 제로는
전문가들의 전용 구역

아카샤 레이어 제로는
대중 속으로 우뚝 섰다

간절히
기다리던 우리
벌떼처럼 달려간다

레이어 제로 Layer Zero 2
-건너가는 기술

가장 완만한 곡선
멀리멀리 선을 긋고

온라인 블록체인은
하나의 길로 이어졌다

징검돌
내 등을 딛고
자유롭게 건넌다

Layer 0 가 Layer 1 에게 1
-레이어 제로의 러브콜

우리의 만남을
기다려온 엔지니어들

암호화폐 선구자들
가장 먼저 알아볼 것

확정될
AI 블록체인
무성하게 자라났다.

Layer 0 가 Layer 1 에게 2
-다리를 놓는 빛

각자의 벽을 쌓다가
단절된 섬이 되었다

그 섬 위를 나는
무명의 빛, 아카샤로

누구나
건널 수 있도록
다리를 놓았다.

Layer 0 가 Layer 1 에게 3
-공명하는 다리

섬과 섬 사이마다
다리를 놓을 때마다

신호는 공명하고
정보는 노래가 되었다

어디로
이어지는가
세상이 묻고 있다

레이어 원 Layer One 1
-주목받는 키워드

겨울 지나 봄 오듯
주목받는 키워드 하나

네트워크 블록체인
레이어 원의 이름으로

분산된
거래 장부 속
탈중앙화 실현된다.

레이어 원 Layer One 2
-아카샤의 날개짓

분리의 시대를 지나
외면받던 장부가

하나의 맥박처럼
진동하기 시작했다

원체인
비상을 보며
아카샤의 날개짓을 느낀다.

AI 센터
-기술의 심장을 세우다

울산, 고양, 판교 그곳에
AI 센터가 들어서고

성장하고 확장될 미래
블록체인 시장을 향한다

개인이
모여들던 그곳에
기업과 나라가
깃발 들었다

3부
연결의 문을 여는 손

-기술 위에 놓인 신뢰의 다리

브릿지 Bridge
-체인을 잇는 다리

눈 뜨면 가장 먼저
마음 밭 달뜨는 곳

그곳에 훌쩍 닿게
디리를 놓아 줄게

다른 곳
넘보지는 마
조절하는 통신망

Super Nodes & Guardian Nodes 길 1
-개척의 외로운 길

아무나 걷지 않는
레이어 제로의 길

돌부리 걷어내고
갈고닦아 달릴 때

분명히
실험 대상 될
외로운 길 걷는다

Super Nodes & Guardian Nodes 길 2
-사고 없는 아카샤 도로

곧고 정직한 길
아카샤 도로를 달려요

뛰어난 레이어 제로
사고는 없습니다

비용은
조금만 받을게요
부담 없이 지나가요

Super Nodes & Guardian Nodes 하나
-발효하는 신뢰

그릇을 준비한 뒤
아카샤를 채워 주세요

가득 찬 항아리는
시간 속에 발효되니

장독대
줄지어 놓고
신뢰로 익혀가요

Super Nodes & Guardian Nodes 둘
-큰집 이사, 땀의 도약

오늘은 큰집으로
이사 들러 좋은 날

스쳐 지나지 않고
이랑 일군 흐르는 땀

오늘이
뜨거워지도록
무쇠솥에 불 지폈다

Super Nodes & Guardian Nodes 셋
-저장고의 보물

우리의 아카샤는
유기적 상승이다

슈퍼노드 지분 받아
강산이 바뀌도록

보물함
저장고에서
쉼 없이 익고 있다

Bitcoin Black Card 하나
-코인과 에스프레소

Bitcoin Black Card
마스터카드 받으세요

아카샤 코인 AK1111
블랙카드에 담아두고

오늘은
에스프레소
음미하며 마셔봐요

Bitcoin Black Card 둘
-VIP의 사용법

Bitcoin Black Card
마스터카드 받으세요

Bitcoin, USDT
Ethereum, Dogecoin도

참으로
편리할 겁니다
VIP 되어 사용해봐요

Bitcoin Black Card 셋
-거래소 없는 자유

Bitcoin Black Card
마스터카드 받으세요

Solana, Avalanche
Cardano, Ripple도

거래소
들르지 않아도
손쉽게 사용합니다

Bitcoin Black Card 넷
-현금으로 바꾸는 날

Bitcoin Black Card

마스터카드 받으세요

Dash, Litecoin

USD Coin, Cash까지도

ATM

은행 들러서

파란 지폐 담아봐요

패시브 인컴 Passive Income
-예술인의 저녁길 등불

감성을 팔십 퍼센트
안고 사는 예술인들
생활고 걱정 없이
마음 밭 일구면서

따뜻한
위로가 되어
큰 힘이 되었다네

우리들께 쉼 없이
파란 지폐 쥐어주는
Bitcoin Black Card
고마운 이 녀석이

황혼길

저녁길에게

등불이 되어준다.

음복을 놓으며
-아카샤를 받드는 그리움

앞마당이 환해질 때까지 잠을 이루지 못했다
손꼽아 기다린 할아버지 제삿날
음복을
받고 싶었다
밤 대추, 시루떡까지

희붐하게 동터는 아침이 올 때까지
외따로 간직한 그리움 한 톨 위에
낙관을
꾹 눌러 찍고
아카샤를 음복했다.

4부
네트워크의 맥박

-움직이는 경제, 살아 있는 신호

포트폴리오 Portfolio
-처음을 담는 서정

하얀 백지 위에
처음의 나를 펼치고

새벽빛 동터오는
아침 해 끌어안고

어둠이
내리는 저녁
고요까지 담아내리라

슈퍼노드 Super Node & 가디언노드 Guardian Node
-네트워크의 심장

인셉션, 거미줄처럼
연결된 노드 위에

트랜잭션은 심장을 뛰게 하고
슈퍼노드 & 가디언노드는 뇌처럼 작동한다

한줄기
번개의 심장
섬광으로 펼쳤다

인셉션 블록체인 Inception Blockchain
-거짓을 지우는 거울

인셉션의 심장은
조각난 거울 위를 달린다

가치와 데이터는
증명의 빛으로 묶이고

거짓은
어느 누구도
심을 수 없도록 설계됐다.

OTC · 1
-마주 앉은 거래

거래소 시장 밖에서
믿음 심어 주고받는

마주 앉아 직접 거래
눈빛으로 약속하며

변동성
줄이기 위해
장외거래 필요해요.

OTC · 2
-규제와 준비

나, 하고 싶은 일
올곧게 이루려면

허가처에 라이선스
신청하고 기다렸어요

진행 중
빛만을 건지려
뒷 탈 없이 해야 해

OTC · 3
-사업 시작합니다

확정의 답 걸어놓고
꿋꿋한 아침 인사

지축 쿵쿵 울리며
뼛속엔 철주를 박고

축軸으로
곧게 세웠다
OTC 사업 꾸리던 날

OTC · 4
-흔들림 없는 교환

이제는 마음 편히
OTC 활용해요

법정화폐는 암호화폐로
암호화폐는 법정화폐로

이곳은
흔들리지 않아요
불안은 잊으세요

암호화폐의 시간
-궁금합니다, 그 미래

향후 10년 암호화폐는
성장할까, 멈출까?
크립토 시장 궁금하다면
지난 10년을 돌아 보아요
디지털
자산의 시대
변곡점은 다가오고

기술이 놓은 다리 위로
사람들이 건너온다
소유는 재편되고
자산은 살아난다

한 시대
시장은 빠르게
쏜살같이 달리겠지.

베어마켓 Bear Market
-시장의 깊은숨

시장은 깊은숨을 쉰다
불신의 회오리 속에서도

안정을 찾아 나선
하나의 납덩이

시간을
눌러 앉히며
중심을 되찾는다

런치패드 Launchpad
-첫 낚시의 새벽

런치패드에 가장 먼저
참여하고 싶었다면

새벽 네 시 마당 쓸고
키를 돌려 문을 여세요

낚시꾼
고래를 부르는
떡밥 하나
런치패드의 시간

아카샤슈퍼브릿지 akashabridge
-잃지 않는 자산의 길

아카샤 핵심기술 드디어 출시해요

아카샤슈퍼브릿지, 사이트가 열렸어요

기다림
감미롭지요
환하게 웃으세요

개인지갑 연결만으로 자산이동 손쉽고

손끝으로 옮겨도 이정표 사라지지 않아요

잃음이
존재하지 않아요
아카샤슈퍼브릿지 길 위엔

5부
존재를 증명하는 눈동자

-나를 증명하는 감성의 기술

NFT ①
-이름을 부르는 네트워크

오늘도 너와 나의
이름을 부르며

살림의 정보장
네트워크 중심에서

꼭지점
훑어보다가
별 하나 고요히 바라봅니다.

NFT ②
-하나뿐인 별자리

너와 나의 유전자가
화폐가 되는 시대

세상에 하나뿐인
고유한 별자리가

온라인
플랫폼 위에서
길을 열며 숨 쉽니다

NFT ③
-진화하는 감성의 손끝

옛날엔 몸뚱이가
자급자족했지만

세월 속에 진화하던
물물交換 커뮤니티

지문은
손끝을 향해
신용에서 감성까지

NFT ④
-나를 증명하는 가상 세계

현실과 가상이
겹쳐지는 이 시대

이제는 나를 세워
나의 가치를 증명하면

가능해
스마트거래선 위
변화의 강을 건너는 일

NFT ⑤
-생체정보는 나의 기록

    비대면 온라인 시대

    물결 타고 흐르다 보면

    지문은 나의 과거

    홍채는 내 우주

    뇌파는

    내 떨림이야

    DNA는 나(自我)라는 기록

메타버스 Mteaverse ①
-가슴에서 시작되는 팬덤

선택한 미래의 기회
내일로 떠나는 길

가슴에서 울려오는
빛의 팬덤을 디자인하자

따뜻이
심장을 달구는
메타버스 플랫폼 안에서

메타버스 Mteaverse ②
-기억에서 세운 문화

뜨겁던 광복의 횃불
희미하게 떠올라

팬덤을 만드는 힘
대한의 얼굴 떠올리면

BTS
세운 탑들이
공감 문화로 우뚝 서 있다

메타버스 Mteaverse ③
-실크로드는 Korea

실크로드를 찾아다녀도
실크로드는 Korea 팬덤

도미노처럼 점잇는
심성을 차곡 쌓아

결집 된
탄탄한 열정은
뉴노멀 시대의 지도다

에어드랍 Air Drop
-바구니 속 작은 기적

내 계정 호들방에
바구니 가득 찼어요
무상으로 받은 선물
AK1111, Kimba, ANDY도

아이들
철들 즈음엔
로또, 선물입니다

울타리는 아키타라이더
안마당 집 광 속에는
커다란 쌀독 있고
뒤켠엔 된장 항아리

부잣집

넉넉한 마음

온 동네가 풍요롭네요.

뼈 마디들
-근육처럼 생긴 기도

뼛속 깊이 파고든 냉기를 밀어내며
시간의 레일 위를 쉼 없이 달려왔다
밤마다 폿대를 찾는
애절함을 만나면서

너른 바다 품속이 간절히 필요했던 때
앞치마 눈빛 속 평온의 뜰을 펴 들고
혹한을 견뎌낸 땅 거죽에서
촉 하나가 틔워졌다

어둠을 오르던 걸음 구리빛 근육 불끈 세워
북적대는 세상 속 움츠린 희망을 건져 올린
주름진 뼈마디들의
애쓴 문양이 아프게 빛난다

피그말리온 효과
-말은 몸을 만든다

뱉은 말 한마디엔 뼈가 있고 기가 있다
착시처럼 홀리면서 혼란으로 빠뜨리기도 한다
낱낱이 쪼개어보면
되돌아오는 부메랑

늑골 깊이 파고든 결핍의 음화를 그리며
벽을 안고 하소연했던 그 많던 말들이
찌르는 가시로 돋아
몸집을 부풀렸다

답 없는 이야기 속 귀 기울여주던 귀인에게
"잘될 거야, 잘됐어" 그 말 한마디에
감도는 혀끝이 젖고
목젖이 열렸다

6부
불가능의 다리를 건너다

- 시의 언어로 기술을 건너는 마음

느티나무
-신왕균 회장님께, 큰 나무로 반석 되어

오금 한번 펴지 못해 충혈된 눈 못 감아도
고비마다 불던 돌풍 맨몸으로 부딪히며
잎 가지 넉넉히 피워
우화등선 꿈 키워 주십니다

여름날엔 피서처 되어 숲 그늘을 만드시고
벼랑 끝에 서 있어도 낙원의 꿈 영글도록
그 자리 몫이지 싶어
두 팔 벌려 버티고 서

들 날숨 안으로 쉬며 눈 감아도 다 보인다며
문밖에서 앓는 세상 청대 같은 심경心鏡으로
내일로 촉을 세우며
혼魂 살라 불 지펴 주십니다

별자리
-뜨겁게 풀무질 해주시는 Neo Anderson Founder님께

누구나 태어날 때 저마다 별자리 하나
고귀하게 받는 선물 받은 이의 몫이라며
만나는 인연들마다
끈을 이어 엮어 주십니다

부유하듯 떠도는 오늘의 흐름 속에
진실의 수맥을 찾아 분주했던 발걸음
한 줌의 사유 짚으며
블록을 쌓고 계십니다

인문은 사람의 마음 결 품은 무늬를 살피며
젊은 날의 영혼을 아카샤에 물들이니
심장을 일으키는 파문
레이어 제로가 그립습니다

죽비 竹篦
-영어로 피는 꽃, 최예정 강사님께

나무들의 무게를 받쳐주며 사는 날들
들숨 날숨 몰아쉬다 꼭 찝어 들려주시며
헝클진 머리칼들을
쓰다듬어 주십니다

꿈틀대는 위벽에 닿아 일궈가는 목숨이니
동여맨 생각들 곧게 세우라 하셨죠
통역의 순간순간이
대숲으로 자랍니다

저마다의 골진 사연 구름처럼 밀려와도
세계 인구 10% 안 주도자들 되었다며
산처럼 정형의 법도
익혀주는 오늘입니다

불씨
-첫 불꽃, 은현갑 대표님께

넝쿨손 벽을 타고 겹겹 엮인 비늘 갑옷
가파른 목숨 줄 잡고 아파도 움켜쥐며
다할 수 없는 말들이
울컥 목에 걸려 와도

중심 잡고 사는 일이 쉽지 않아 쓰러져도
실바람 스치면 온몸 벌떡 일으키며
푸드덕 깃을 퍼덕여
훨훨 날고 계십니다

노을 지는 서녘에도 혼신의 힘 앞당겨
앙다문 가슴 속 불씨 다시 한번 지피면서
내일의 봇짐을 끌고 가며
마이크 잡고 외칩니다
아카샤!

햇살처럼
-울창한 숲의 모습, 강성대 강사님께!

한 주의 시작을 여는 월요일 아침 오면
강성대 강사님 교육 울창한 숲이 된다
밑창을 뚫고 오르며
타래처럼 푸는 길

바위틈 움켜잡고 등짐 지고 오른 삶
굴곡 따라 구르던 날 잠든 숲을 깨우면서
기울던 몸 일으켜라,
길을 찾아 길을 열며

인셉션의 레이어 원, 아카샤의 레이어 제로
둘이 모여 하나의 힘, 잎 넓은 토란처럼
옷섶을 곧게 여미며
뒤 처진 날日, 일으켜 주십니다

오후 2시
-승리의 시각

천둥 번개 몰아쳐도
걸림돌 걷어내고

모여든 반짝이는 눈
이엉으로 엮고 있다

에너지
가득 찬 여기
긍정마인드 승리자들

보물함
-스테이블 코인 stable coin

비트코인, 이더리움

솔라나를 매도해도

내 손에 꼭 쥔 화폐는

스테이블 코인이다

우리집 보물함 안에

이름표 단 솔리드 있다

솔리드 SOLID
-아카샤의 가족

솔리드는 스테이블 코인
아카샤의 가족이다

자체 블록체인으로
첫걸음 떼며 자라나

생태계 넓혀가면서
전 세계로 비상飛上한다.

에드벌룬
-에너지 충천으로 아카샤의 비상飛上

장대비 쏟아져도 햇살 쏟아지리라
접었던 무릎 세우고 다시 뛰는 우리들
흥겨운 축제 한마당
너울너울 춤사위야

소나무 바위틈 뚫고 버텨낸 굳건함이
후미진 지구촌 시장 곳곳까지 깃발 꽂는
손바닥 얼얼하도록
울 대목 세우는 날

여기엔 달아오르는 후끈한 길이 있다
맥없이 쓰러져도 다시 벌떡 일어나라
넉넉한 하늘이 되어
해독할 답 여기 있다.

그루터기
-반짝반짝 빛나는 곳

천상에서 오시는지 어느새 훌쩍 닿아
언제나 환한 미소, 하하하 웃으시며
천여 일 쉬지도 않고
사무실을 쓸고 닦으신다.

막다른 골목길에 도시 불빛 꺼져가도
밤이 오면 날 밝기를, 아침이면 저녁까지
오르는 계단 칸 칸마다
반짝반짝 빛이 났다

"오늘 하루 헛되이 보낼 순 없는 거야"
교육 전 10분 동안 서로를 보듬으며
두 손을 결연히 잡고
잠든 근육을 깨우시네.

진화, 조카의 노래
-가족의 자부심

눈 감고 부르는 노래
사랑아! 마음이 녹는다
마이크 너머로 퍼진 신념
'아카샤' 한 마디는

기술과
사람을 잇는
다리가 되었다.

진화의 음성이
저 하늘에 닿았을까?
더 크고 밝은 빛,
이 공간을 밝혀 준다

축제는

단순한 모임 아닌

사랑과 연결, 내일의 시작이었다.

숲답기 위해
-자리를 지키는 손길

숲은 숲답기 위해 벌목한다는 숙제는
비탈길에 나무들 기진맥진 혼절이다
하늘로 쳐들고 누운
흙 묻은 맨발들

힘 솟던 어깨가 풀죽은 광목처럼 처져
방향조차 상실하고 몸져누운 이 거리
늘 저린 다리를 끌며
산 능선 오르는 길

숲 전체가 숲다워져 푸름으로 물들도록
이끼 낀 돌멩이 사이 아픈 상흔 밀쳐내며
스스로 잡목이라고
밑둥 자르는 손길들

세상사 엉킨 아픔 혼자 다 짊어져도
온몸이 녹아져도 자리는 지키는 것
고봉밥 차려 올린다
봄꽃 엽서 등불 켠 날

숲의 몸짓
-한마음으로, 하나가 된

질펀한 추억을 꺼내 침목枕木으로 밟아간다
영혼의 닻 내려놓을 엉킨 타래 푸는 하루
발효된 와인 한잔이
뿌리를 적셔주네

홀연히 깨어난 꽃, 손 내밀면 웃어줄까
풀빛보다 더 진한 그리움을 쌓고 있다
소낙비 우레를 쏟으며
가슴 비 적시던 날

탄탄한 줄 알았지만 헐거워진 뼈마디
해 뜨면 그 안에 살아 꿈틀거리는 세포들
씨앗 촉 터트리더니
마음 칩蟄도 깨웠다

심지 돋운 무늬결엔 푸른 기운 가득하다
짙은 생피 쏟으면서 수혈하듯 적셔볼까
겹겹이 무늬 진 속살
숲의 몸짓 일어섰다.

앤디 ANDY-Shill & chill
-밈이 깨어난 날

밈이 살아 있습니다 인셉션 체인의 첫 밈

순수한 DNA가 새 토양에 내린 뿌리

앤디는 누구일까요?

개발자는 아니랍니다

신념을 가진 턱선 미션을 품은 밈입니다

모든 것이면서도 아무것도 아닌 존재

로드맵 아니면서도

코인이자 상징입니다

인터넷 가장 깊은 스크롤에서 태어났죠

현대 밈 $xANDY 비공식 토큰이죠

유틸은 없습니다만

체인을 깨는 힘 있죠

VC 자금도 없고 백서도 존재 없지만

진짜 커뮤니티만 앤디를 살아있게 해요

밈 코인 시대를 여는

이름없는 전설입니다

덱스넷 DEXnet
-탈중앙에서 다시 탈중앙으로

디지털 세상 속에
당신의 데이터, 안전한가요?
데이터 센터 없이도 스스로 구현되는
최초의 저장 방식입니다
덱스넷, 스스로 빛나요

중앙 없는 그 설계 다시 탈중앙 향하죠
암호 속에 숨겨진 지속 가능한 기술로
DEX는 물 흐르듯이
자유의 길, 엽니다

7부
기술과 신념의 언어

-블록 위의 약속, 축제의 시학

아카샤코인 Akasha Coin
-레이어 제로에서 온 미래

레이어제로 코인으로
미래를 연결했다
기존의 블록들이
안고 있던 문제들은

세계화
블록체인의
근본부터 해결하고

초고속 거래되는
온 블록체인으로
진입장벽을 낮추어
누구나 쉽게 건너도록

단순한

암호화폐 아닌

Web3를 당겨가는 힘

호들 HODL 앱
-신념의 저장소

보물 함 저장고엔
발아하는 씨앗

바깥 소란은 잊어라
귀 기울일 필요 없다

묵묵히
하락장 변동에도
끄떡없는 신념이다.

Hold on for dear life
소중한 삶을 위하여 잡아라, 기다려라.

유동성 제공 Provide Liquidity
-자산이 일하는 시간

당신의 자산은
당신을 위해 일합니다

안전장치 필요한 때
내일의 길을 열며

참으로
귀인 오셨다
나를 위해 오신 님

스테이블코인 (Stablecoin) ①
-담보 위의 화폐

기존 화폐 가치 따라
발행되는 암호화폐

실물자산 담보로 하여
가격 안정을 꾀한다

담보형
기축통화에
닻 내려 금고에 보관하는

스테이블코인 (Stablecoin) ②
-양날의 코인

먹물 밴 일간지도 분주히 움직이며

스테이블코인 촉진을 공약으로 내세웠다.

법안은 마련되지만, 양날의 검이 번쩍인다.

신용카드 현금보다 빠르고도 안전할까?

국경 넘나드는 사이 선글라스 속 익명성

둥그런 세탁 놀음에 쓰이진 않을까 두렵다.

스테이블코인 (Stablecoin) ③
-규제 속의 뿌리

연방규제 법률로
제도권 앉혀놓고

똑똑한 조항 하나
통과시킨 천재의 법

규제 속
정석을 향해
서민 초의 터가 될까?

블록 위의 약속
-진심이 새겨진다

한 조각의 진심이 어딘가에 남겨진다
누군가의 눈빛과 누군가의 서명이
덧없이 흘러가는 시대
기억은 블록을 쌓는다

말을 건네듯 감정을 기록하고
너와 나를 연결한다
우리 모두 강강술래
거짓이 머물 곳 없어
진실만 새겨진다.

중앙은 사라지고 중심도 흩어졌다
블록을 쌓는 우리는 신뢰로 묶인 이름들
밤하늘 높은 하늘에
반짝이는 은빛 시詩

트루브레스
-고압 산소의 숨결

세포 안 염록체 꿋꿋한 끝단을 본다
텔로미어 길이가 늘어나는 눈금을 보려
고농축 고압 산소통에
편안히 누워 있다

여태껏 살아온 길 노화된 세월까지
압축된 산소 열 배수
회복 치료 측정하며
맷돌을 돌려가면서
몸의 소리 듣는다

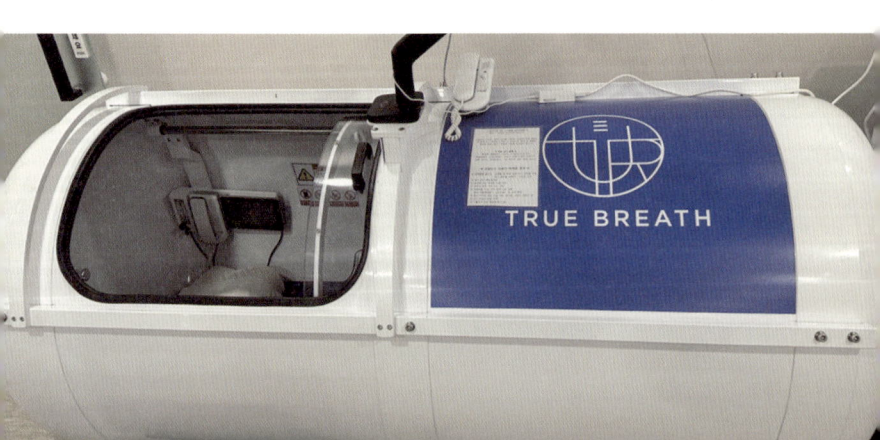

넥소라 Nexora 그날의 현장
-창조의 길, 주춧돌

첫 삽을 떠 징을 박고 거푸집 치던 손길
집 집마다 불이 켜지고 도시는 환히 밝았다
강산이 바뀔 무렵에
힘든 작업 끝났다

햇빛도 강렬했던 팔월의 계곡에서
넥소라 글로벌 오프닝, 주춧돌을 놓으며
구들장 뜨끈하도록
용마루도 얹었다

킴바 Kimba
-정글의 질서와 자유

숲속에도 동물들이
질서 속에 살아간다
하쿠나 마타타 Hakuna matata
아무 문제 없는거야

정글 속
왕좌王座에 올라
호령하는 킴바 Kimba다

탐험가의 눈
-암호화폐 시장의 아침

이른 아침 가장 먼저 코인 마켓 캡 빗장 열면

토큰 수량 2,000만 개 넘기고

3,000만 개 눈앞에

메인넷

체인의 주인들

420여 개 블록체인 코인 이름

레이어 제로 아카샤와 레이어 원 인셉션은

그중 하나를 찾아나선

아문센의 눈빛속에

행운의

네잎클로버 되어

희망의 꿈 안겨줬다.

자금세탁방지법 AML, Anti-Money Laundering
-신뢰의 다리, 투명성의 빛

어둠의 돈 막아서 AML이 세운 벽

탁류 물길 걸러내고 맑은 강물 이으며

정직은

신뢰의 다리를

씩씩하게 건넌다.

KYC 절차 따라 이름과 길, 밝히고

의심 거래 보고하며 투명성을 지켜내고

탈중앙

AI 금융속에서

OTC 길 열어간다.

■ 해설

오인택(공학박사, KTDS전략AX 전무)

시대를 꿰뚫는 시인의 눈,
기술 위에 피어난 인문학적 성찰

기술과 문학의 교차점에서 피어난 시조

천숙녀 시인의 시조집 『아카샤 - 레이어 제로, 기억의 첫 지층』은 전통 시조의 정형성과 첨단 블록체인 기술이라는 이질적인 요소를 결합하여 새로운 문학적 지평을 개척하려는 시도이다. 이 시집의 출간은 단순한 시집 한 권의 등장을 넘어, 기술 시대에 문학이 나아가야 할 방향과 인간의 감성이 기술과 어떻게 조응할 수 있는지를 탐색하는 중요한 의의를 지닌다. 본 해설은 시집이 제시하는 기술-인간-문학의 새로운 관계를 심층적으로 탐색하는 것을 목적으로 한다.

시인과 나와의 인연을 잠시 소개하면, 천숙녀 시인을 처음 만난건 2021년 10월쯤인가, 등단이후 처음으로 나래시조 회원분들을 만나는 자리에서 조금은 어색하기는 했는데 고향 선배님이라 하면서 독도사랑에 대해서 이야기를 나눈 기억이 있다. 그리고 '한민족독도사관' 이라는 연구소를 방문 한 적이 있다. 차와 따뜻한 호떡을 먹으면서 그동안 천숙녀 시인의 '독도'에 대한 자세한 이야기를 들을 수 있었다.

그리고 상봉동에 외롭게 섬처럼 서 있는 기분을 느끼면서 안타까운 마음을 가지고 돌아왔다. 이후에 나는 '한민족 독도사관을 다녀와서' 라는 시조를 쓰고 나래시조 2022년 봄호에 게재하였다.

흐릿한 겨울 별도/저만치 비켜 있고/독도를 닮았는가 /상봉동 외로운 섬/조각난 삼십 년 세월 꿰매지는 추억들 /저마다 어루만진 /흔적들만 쌓여 있고/

바람조차 불지 않는 /그 섬에 디딘 발에/어느새 파고 든 냉기 더해지는 쓸쓸함 /눈망울에 섬을 담고/파도에 제살 깎아/독도를 우뚝 세운/여류 시인 눈을 훔쳐/내 안에 그 섬을 품고 세상으로 나왔다

-오인택 '한민족 독도사관을 다녀와서' 전문

시집의 저자인 천숙녀 시인의 독특한 이력은 이 작품의 배경을 이해하는 데 필수적인 맥락을 제공한다. 그녀는 한민족독도사관 관장으로서 40여 년간 '독도'의 지명을 문화예술로 승화시키기 위한 사회운동을 펼쳐왔다.

이러한 오랜 사회 운동의 경험은 시집의 핵심 메타포인 '기억'과 '지층'에 깊은 의미를 부여한다. 시인이 '블록체인 시대의 최전선에서, '기억의 지층' 위에 시조 시인으로서 새로운 문학의 길을 쓰고 있다'는 언급은, 과거의 사회운동이 추구했던 '기억'의 보존과 '진실'의 승화라는 목표가 블록체인의 불변하는 원장 기록과 기술적으로 병렬 관계를 이룬다는 점을 시사한다.

이는 시인이 단순히 새로운 기술을 채택하는 것을 넘어, 블록체인이라는 현대적 도구 또는 은유를 통해 '기억'과 '진실'을 보존하고 주장하려는 평생의 노력을 이어가고 있음을 보여준다. 그녀의 사회 운동이 구체적인 역사와 지리에 뿌리를 둔 것처럼, 블록체인의 분산되고 불변하는 특성 또한 '기록'과 '진실'을 다루는 점에서 철학적 공명을 이룬다. 이러한 접근 방식은 시집에 단순한 기술적 설명을 넘어선 사회-역사적 깊이를 더하며, 집단 기억과 디지털 주권에 대한 논평으로 확장된다.

시인의 창작 동기는 기술에 대한 초기 인식에서 비롯된다. 그녀는 블록체인, 인공지능, 그리고 Web3의 세계가 처음에는 '인간의 감성과는 동떨어진 차가운 언어'로 느껴졌다고 고백한다. 그러나 그 안에서 '인간의 꿈과 철학, 기다림과 약속이 담겨 있음'을 발견하고, 그 기술의 언어를 시로 옮기기 시작했다. 이는 기술의 비인간적 측면을 인간적 감성으로 포용하려는 시인의 의지를 명확히 보여주는 대목이다.

이러한 맥락에서 시조라는 형식의 선택은 매우 중요한 예술적 전략으로 분석된다. 시조는 3장 6구, 45자 내외의 간결한 형식 내에 심오한 철학적 또는 감성적 주제를 담아내는 전통 한국 시가이다. 이러한 간결함과 깊은 의미를 응축하는 능력은 복잡한 기술 개념을 핵심적인 인간적, 철학적 본질로 정제하는 데 탁월한 도구가 된다. 본질적으로 추상적이고 논리적인 기술의 '차가운 언어'는 시조라는 형식을 통해 감성적 울림과 철학적 정수를 요구받게 된다. 시조 형식은 기술적 잡음을 걸러내고 그 이면에 있는 인문학적 핵심을 드러내는 '철학적 필터' 역할을 수행하는 것이다. 이는 가장 추상적이고 '차가운' 기술조차도 신중하게 선택된 예술 매체를 통해 인간적인 온기와 의미를 부여받을 수 있음을 시사하며, 전통적인 시적 형식이 현대의 기술 중심 주제를 다루는 데 놀랍도록 적응력 있고 관련성이 있음을 증명한다.

시인의 궁극적인 비전은 '기술이 시가 되고, 시가 길이 되는' 새로운 문학의 길을 개척하는 데 있다. 그녀는 이 시집이 '새로운 기술을 공부하는 이에게는 다리가 되고, 오래도록 시를 사랑해 온 이에게는 새로운 눈으로 세상을 바라보는 창이 되기를 희망'한다고 밝히며, 기술과 문학의 융합을 통한 지식 확장과 인식의 전환을 궁극적인 목표로 삼고 있다. 이 시집은 단순한 기술 해설을 넘어, 기술 용어 속에 담긴 철학적, 인간적 의미를 탐색하는 문학적 시도라는 점에서 그 의의가 크다.

제1부: 기술 용어, 시적 은유로 재탄생하다
-'기원의 불씨'를 찾아서

천숙녀 시조집의 제1부 〈기원의 불씨를 옮기다〉는 블록체인의 근본적인 기술 용어들을 시적 은유와 철학적 개념으로 심층적으로 재해석하는 과정을 보여준다. 시집은 "세상의 모든 기술은 시작의 숨결에서 비롯됩니다" 라는 구절로 시작하여 기술의 근원적인 생명력과 기원적 의미를 강조한다. 각 시의 소제목은 기술 용어의 핵심을 은유적으로 표현하며, 기술의 차가운 외피를 벗겨내고 그 안에 숨겨진 인간적 가치를 드러내려는 시인의 의도를 명확히 드러낸다.

이러한 체계적인 재해석은 단순한 시적 기교를 넘어선 의도적인 '디지털 인문주의'의 행위를 나타낸다. 시인은 기술적 복잡성을 제거함으로써, 이러한 기술들이 암묵적으로 다루는 근원적인 인간의 필요, 욕망, 그리고 철학적 질문들을 드러낸다. 이는 기술을 단순한 도구에서 벗어나 핵심적인 인간 가치와 존재론적 고민을 반영하는 거울로 격상시킨다. 시집은 블록체인과 같은 기술이 인간 경험과 동떨어진 것이 아니라, 사실상 깊이 뿌리내린 인간적 열망의 확장 또는 발현임을 암묵적으로 주장하며, 기술을 차갑고 비인간적인 것으로 인식하는 일반적인 관념에 도전한다.

다음 표는 제1부에서 블록체인 핵심 용어들이 어떻게 시적으로 변용되고 철학적으로 재해석되는지를 보여준다.

기술용어	시적 소제목	기술적 의미	시적/철학적 재해석	핵심구절
블록 (Block)	기억의 집 한채	데이터를 담는 기본 단위	시간을 품고 삶의 이야기 기록하는 '기억의 집', 불변하는 기록을 통한 기억의 영속성	"한덩이 기억이 시간을 품고 굳는다", "기록은 집이 되었고 시간에 살을 입힌다"
트랜잭션 (Transaction)	믿음을 옮기는 손길	네트워크에서 발생하는 모든 종류의거래 나 데이터 전송행위	중개자 없는 상호작용을 통한 신뢰구축, 인간적 교감과 약속의 차원으로 승화	"거래는 돈이 아니라 신뢰를 옮기는 일", "믿음 속 숫자 너머의 약속 손끝으로 전한다"
지갑 (Wallet)	나를 담는 그릇	암호화폐 보관 및 관리도구	개인의 정체성과 소유권을 담는 그릇, 디지털시대의 자아와 존재증명	"지갑은 가죽이 아니라 정체성을 담는그릇", "증표야 숫자 속 나를 품고 조용히 열리네"
탈중앙 (Decentralized)	중심 없는 중심	중앙 관리주체 없이 분산된 네트워크 특성	권력분산과 민주주의적 가치 실현, 모든 참여자가 주인이 되는 새로운 사회질서	"한 사람을 위한 시스템 모든 이가 주인이 되었다", "중심은 흩어졌고 권력은 돌려받았다"
영지식증명 (ZKP)	증명하되 보여주지 않는다	내용을 공개하지 않고 사실임을 증명하는 암호학기술	개인 정보보호와 존엄성 유지, 드러냄 없는 방식으로 존재를 증명하는 새로운 인식론	"보여주지 않고 입증하는 기술이다", "말없는 신뢰속에서 개인은 존엄을 지킨다"

● **블록**Block **- 기억의 집 한 채**

블록은 단순히 데이터를 저장하는 단위를 넘어 "한 덩이 기억이 시간을 품고 굳는다", "블록 하나 사는 이야기를 데이터로 바꾸었다", "기록은 집이 되었고 시간에 살을 입힌다"고 표현된다. 이는 블록체인의 불변성이 곧 기억의 영속성을 의미하며, 데이터가 생명력을 얻어 살아있는 역사가 됨을 암시한다. 블록은 단순한 데이터 저장이 아니라 불변하는 기억에 대한 인간의 욕망을 의미한다.

● **트랜잭션**Transaction **- 믿음을 옮기는 손길**

시는 거래를 "돈이 아니라 신뢰를 옮기는 일"로 정의하며, "말하지 않아도 인정하는 보이지 않는 약속", "믿음 속 숫자 너머의 약속 손끝으로 전한다"고 노래한다. 이는 기술적 행위가 인간적인 교감과 신뢰의 차원으로 승화됨을 보여준다. 트랜잭션은 단순한 데이터 전송이 아니라 신뢰에 대한 근본적인 인간의 필요를 의미한다.

● **지갑**Wallet **- 나를 담는 그릇**

지갑은 단순한 자산 보관 기능을 넘어 "가죽이 아니라 정체성을 담는 그릇", "내 모든 주소를 그 안에 접어 넣었다", "증표야 숫자 속 나를 품고 조용히 열리네"라고 표현된다. 이는 디지털 시대의 자아와 소유권에 대한 철학적 질문을 제기한다.

● **탈중앙**Decentralized **-중심 없는 중심**

시는 탈중앙화를 "한 사람을 위한 시스템 모든 이가 주인이 되었다", "중심은 흩어졌고 권력은 돌려받았다", "질서가 되살아났다 주인들이 환하다" 고 노래한다. 이는 권력 분산과 민주주의적 가치를 강조하며, 새로운 형태의 질서 창조를 의미한다. 탈중앙은 시조 형식의 간결함으로 인해 심오한 철학적 역설인 '중심 없는 중심'이 된다.

● **영지식증명** ZKP**-증명하되 보여주지 않는다**

영지식증명은 "보여주지 않고 입증하는 기술", "말 없는 신뢰 속에서 개인은 존엄을 지킨다", "입증은 드러냄 없지만 존재의 증거다" 라고 설명된다. 이는 개인

정보 보호와 프라이버시의 중요성, 그리고 '드러냄 없는 존재 증명'이라는 새로운 인식론적 가능성을 제시한다.

이 외에도 '아카샤', '레이어 제로', '퍼블릭 체인', '프라이빗 키', '탈중앙 지갑', '온 체인' 등의 용어가 기술의 본질을 시적으로 탐구하는 데 사용된다. 시조의 엄격한 형식적 제약은 시인으로 하여금 개념적 압축의 극단적인 행위를 수행하게 한다. 이는 단순히 단순화를 넘어, 복잡한 기술 개념의 본질을 파악하고 그것을 가장 강력하고, 종종 역설적이며, 보편적으로 공감할 수 있는 형태로 표현하는 것을 의미한다. 이러한 간결함은 철학적 영향을 증폭시켜, 추상적인 것을 구체적으로, 복잡한 것을 소화 가능하게 만든다.

제2부: 현실을 잇는 '레이어 제로'
- 연결과 소통의 미학

시집의 제2부 〈세상을 향하여〉는 레이어 제로Layer Zero라는 블록체인 개념이 어떻게 현실 세계와 분리된 존재들을 연결하고 소통을 촉진하는 '다리' 역할을 하는지를 심층적으로 분석한다. 이 섹션은 기술이 삶을 연결하고 세상과 소통하는 심장이 필요하다는 전제에서 시작하며, 레이어 제로가 현실을 잇는 핵심적인 다리 역할을 수행함을 강조한다.

시집은 레이어 제로를 "연결이 태어나는 곳", "가장 낮은 데서 모든 것을 받쳐 올린다", "뿌리여 바닥에서 솟는 힘"으로 묘사하며, 블록체인 생태계의 근간이자 다양한 체인을 연결하는 기반임을 강조한다. 특히 "체인 위의 체인들 성곽처럼 나뉘었을 때 물처럼 흘러 흘러 하나의 길을 열었다"는 표현은 분절된 블록체인 세계를 레이어 제로가 하나로 꿰는 연결자임을 강조한다. 이는 서로 다른 블록체인 네트워크 간의 상호 운용성interoperability의 중요성을 시적으로 승화시킨 것이다. 레이어 제로는 블록체인 상호 운용성을 위한 기반 계층이라는 기술적 역할을 넘어, 점점 더 복잡하고 분열된 세상에서 통일성을 갈망하는 인간의 염원을 담은 강력한 은유로 기능한다. '나뉜 성곽'은 단순히 분리된 블록체인을 넘어 사회적 분열, 이념적 장벽, 심지어 개인의 고립을 의미할 수 있다. 이러한 맥락에서 레이어 제로는 모든 이질적인 요소들을 연결하는 보편적이고 근원적인 원리, 즉 철학적인 '존재의 근원'이나 근본적인 공유된 인류애를 상징한다. 시인은 기술적 개념을 사용하여 심오한 사회적, 존재론적 문제를 다루며, 레이어 제로의 약속은 단순한 기술적 효율성을 넘어, 디지털 인프라가 진정한 인간적 연결과 경계를 넘어선 이해를 촉진하는 더욱 상호 연결되고 조화로운 세상에 대한 비전을 제시한다.

기술을 통한 단절 극복과 상호 운용성Layer Zero to Layer One의 시적 구현은 여러 시를 통해 드러난다. '레이어 제로가 레이어 원에게'라는 시에서 시인은 "각자의 벽을 쌓다 단절된 섬이 되었다"는 현실의 단절을 언급하며, 레이어 제로(아카샤)가 "누구나 건널 수 있도록 다리를 놓았다"고 표현한다. 이는 기술적 장벽으로 분리된 디지털 세계와 현실 세계, 혹은 서로 다른 블록체인 간의 소통을 가능하게 하는 연결의 의미를 부각한다.

또한, '레이어 제로Layer Zero 1 - 기다림의 해방' 시는 그동안 "전문가들의 전용 구역"이었던 레이어 제로가 이제 "대중 속으로 우뚝 섰다"고 선언한다. 이는 블록체인 기술이 일반 대중의 삶 속으로 들어와 실질적인 영향을 미치기 시작했음을 암시하며, 기술의 실용적 적용이 확대될 것임을 기대하게 한다. '기다림의 해방'이라는 구절은 오랫동안 첨단 기술의 혜택과 잠재력이 일반 대중에게는 접근 불가능했으며, 전문가들에게만 국한되어 있었음을 암시한다. '기다림'은 이러한 혁신 기술의 변혁적 힘을 직관적으로 느꼈지만 접근할 수 없었던 사람들의 소외감, 어쩌면 좌절감을 나타낸다. '해방'은 기술이 대중화되어 광범위한 참여와 혜택이 가능해진 전환점을 의미한다. '벌떼처럼 달려간다'는 이미지는 이러한 새롭게 접근 가능해진 자유에 대한 집단적 열정과 자발적인 수용을 시사한다. 이는 중요한 사회-기술적 추세, 즉 전문가 중심의 기술에서 대중 채택으로의 전환을 강조하며, 강력한 도구에 대한 접근이 개인과 공동체의 자유에 필수적임을 시사한다.

'레이어 제로Layer Zero 2 - 건너가는 기술' 시는 "온라인 블록체인은 하나의 길로 이어졌다"며 레이어 제로가 "징검돌 내 등을 딛고 자유롭게 건넌다"고 표현한다. 이는 사용자들이 복잡한 기술적 과정 없이 블록체인 세계를 쉽게 넘나들 수 있게 하는 실용적인 다리 역할을 강조하며, 기술의 민주화와 접근성 향상을 의미한다. '레이어 제로가 레이어 원에게'라는 연작 시들을 통해, 시인은 기술 간의 소통과 협력을 인간적인 '러브콜'과 '공명하는 다리'로 의인화하여 표현하며, 기술 생태계의 유기적 관계와 상호 발전을 강조한다.

제3부: 일상 속 기술, 신뢰와 삶의 '등불'이 되다

시집의 제3부 〈연결의 문을 여는 손〉은 브릿지, 슈퍼노드, 블랙카드와 같은 실용적인 블록체인 애플리케이션이 어떻게 신뢰를 구축하고 일상생활에 통합되어 구체적인 이점과 정서적 위안을 제공하는지를 분석한다. 이 섹션은 기술의 사용법을 넘어 기술을 통해 어떻게 마음을 연결하는가에 초점을 맞춘다.

브릿지, 슈퍼노드, 가디언노드, 블랙카드 등 실용 기술은 신뢰를 구축하고 일상에 깊숙이 침투한다.

● '브릿지Bridge

체인을 잇는 다리' 시는 브릿지 기술이 서로 다른 블록체인 간의 자산 이동을 가능하게 하여 사용자의 편의성을 높이는 역할을 한다. 시인은 이를 "마음 밭 달뜨는 곳 그곳에 훌쩍 닿게 다리를 놓아줄게"라고 표현하여, 기술이 사용자의 '마음'과 '편의'에 직접적으로 연결됨을 시사한다.

● **슈퍼노드**Supernode **& 가디언노드**GuardianNodes

발효하는 신뢰, 땀의 도약, 저장고의 보물 시는 슈퍼노드, 가디언노드가 아카샤(레이어 제로)를 통해 신뢰를 축적하고 강화하는 과정을 '발효'에 비유한다. '발효하는 신뢰'라는 은유는 특히 풍부한 의미를 지닌다. 발효는 원료를 더 가치 있고 안정적인 것으로(와인이나 김치처럼) 변화시키는 느리고 유기적인 과정이다. 이는 분산된 네트워크에서의 신뢰가 즉각적인 것이 아니라, 슈퍼노드가 거래를 지속적으로 검증하고 저장하는 것처럼 일관되고 투명하며 신뢰할 수 있는 운영을 통해 점진적으로 구축됨을 암시한다. "곧고 정직한 길 아카샤 도로를 달려요 뛰어난 레이어 제로 사고는 없습니다" 라는 구절은 기술적 안정성이 곧 사용자들의 신뢰로 이어진다는 점을 보여준다. 또한, 슈퍼노드, 가디언노드의 구축 과정을 '땀의 도약'과 '보물'에 비유하며, 이러한 신뢰할 수 있는 시스템을 구축하고 유지하는 데 필요한 인간의 노력, 헌신, 그리고 장기적인 비전을 강조한다. 이는 블록체인 맥락에서 '신뢰'에 대한 이해를 심화시키며, 기술적인 영역에서도 근면, 정직, 인내와 같은 인간적 미덕이 지속적인 가치와 신뢰성을 창출하는 데 근본적임을 보여준다.

● **비트코인 블랙카드** Bitcoin blackcard

코인과 에스프레소, VIP의 사용법, 거래소 없는 자유, 현금으로 바꾸는 날 연작 시들은 블랙카드가 비트코인, 이더리움, 솔라나 등 다양한 암호화폐를 일상생활에서 현금처럼 사용할 수 있게 하는 구체적인 실용적 적용 사례를 제시한다. "가벼운 주머니에 세계가 담겼다" 는 표현은 디지털 자산이 현실 경제와 직접적으로 연결되는 지점을 명확히 보여주며, 사용자에게 "자유"와 "편리함"을 제공한다. 시인은 복잡한 금융 기술(암호화폐, 패시브 인컴)을 설명하기 위해 의도적으로 평범하고 공감할 수 있는 은유('에스프레소', '현금', '등불')를 사용한다. 이는 기술을 덜 추상적이고 더 구체적으로 만들어 친숙함과 신뢰감을 조성한다. 기술적 유용성을 일상적인 인간 경험과 정서적 필요(위안, 걱정 없는 삶)와 연결함으로써, 시인은 금융 기술을 인간화한다. 이는 기술이 단순히 숫자에 관한 것이 아니라 삶의 질을 향상시키는 것임을 시사한다.

특히, 기술이 예술인의 삶을 지탱하는 '등불'이 되는 구체적 사례가 제시된다. '패시브 인컴Passive Income - 예술인의 저녁 길 등불' 시는 Bitcoin black card를 통해 예술인들이 생활고 걱정 없이 창작 활동에 전념할 수 있도록 "따뜻한 위로가 되어 큰 힘이 되었다네"라고 노래한다. 이는 블록체인 기반의 금융 서비스가 단순히 기술적 진보를 넘어, 개인의 삶의 질을 향상시키고 예술과 같은 인간적인 가치를 지탱하는 실질적인 '등불'이 될 수 있음을 보여주며, 기술이 인간의 감성과 연결되는 지점을 제시한다. 이러한 접근 방식은 금융 기술을 차갑고 위협적이거나 순전히 거래적인 것으로 인식하는 관념에 도전하며, 혁신의 진정한 가치가 인간의 일상생활에 원활하게 통합되어 웰빙을 향상시키고 예술과 같은 인간적 노력을 지원하는 실질적인 해결책을 제공하는 데 있음을 시사한다.

제4부: 시장의 맥박, 인간의 감정으로 울리다

시집의 제4부 「네트워크의 맥박」은 블록체인 내의 시장 역학 및 경제 개념이 단순한 금융 거래를 넘어 인간의 감정과 철학적 깊이를 통해 어떻게 묘사되는지를 탐구한다. 시인은 시장 개념을 추상적인 경제력으로 묘사하는 것이 아니라, 집단적인 인간 감정과 심리 상태의 직접적인 발현으로 일관되게 표현한다. 이는 고도로 기술적이고 데이터 중심적인 블록체인 시장에서도 인간의 감정(신뢰, 불안, 희망, 근면)이 시장 행동의 근본적인 동인이자 형성자임을 주장한다.

● **인셉션**Inception **(블록체인)**

거짓을 지우는 거울 : 인셉션은 "거짓을 지우는 거울"로 묘사되며, "인셉션의 심장은 조각난 거울 위를 달린다", "가치와 데이터는 증명의 빛으로 묶이고 거짓은 그 누구도 심을 수 없도록 설계됐다" 고 표현된다. 이는 기술이 진실을 밝히고 투명성을 확보하는 역할을 한다는 철학적 의미를 내포한다. '거짓을 지우는 거울' 이라는 은유는 강력하다. 거울은 일반적으로 있는 그대로를 반영하지만, 여기서는 적극적으로 거짓을 지워내어, 기술의 능동적이고 거의 도덕적인 기능을 시사한다. 이는 블록체인의 불변성과 투명성이라는 기술적 측면을 넘어선다. 이는 디지털 영역에서 절대적인 진실과 기만 제거에 대한 더 깊은 철학적 탐구를 의미하며, 인셉션을 단순한 보안 원장이 아니라, 진실성의 수호자로 자리매김한다. 이는 정보 오염 시대에 검증 가능한 진실에 대한 사회적 열망을 반영하며, 블록체인 기술의 윤리적 차원을 강조한다.

● **OTC (장외거래)**

마주 앉은 거래, 흔들림 없는 교환 : OTC는 "믿음

심어 주고받는 마주 앉아 직접 거래 눈빛으로 약속하며" 라고 묘사된다. 이는 복잡한 금융 시스템 속에서도 인간적인 신뢰와 직접적인 소통의 중요성을 부각한다. OTC는 단순한 거래 방식이 아니라 '신뢰'와 '불안' 해소를 위한 공간이다. "이제는 마음 편히 OTC 활용해요", "이곳은 흔들리지 않아요 불안은 잊으세요" 라는 구절은 기술이 제공하는 안정성을 통해 인간이 불안을 해소하고 평온을 얻는 감정적 측면을 강조한다. 또한, OTC 사업을 시작하는 과정은 "확정의 답 걸어놓고 꿋꿋한 아침 인사 지축 쿵쿵 울리며 뼛속엔 철주를 박고 축軸으로 곧게 세웠다" 고 묘사되어, 새로운 시작에 대한 강한 의지와 확고한 기반을 다지는 인간의 노력을 표현한다.

● **베어마켓** Bear Market

시장의 깊은 숨 : 시장의 침체기는 "시장은 깊은 숨을 쉰다"고 의인화되어 묘사된다. 이는 시장의 침체기를 단순히 경제적 현상이 아닌, 마치 살아있는 존재가 숨을 고르듯 깊은 사색과 회복의 시간을 갖는 것으로 표현한다. "불신의 회오리 속에서도 안정을 찾아 나

선 하나의 납덩이 시간을 눌러 앉히며 중심을 되찾는다"는 구절은 시장의 혼란 속에서도 균형과 안정을 찾아가는 인간의 끈기와 회복력을 상징한다. 베어마켓은 단순히 침체가 아니라 집단적 '불신'과 '깊은 숨'(성찰/회복)의 기간이다.

● **런치패드** Launchpad

첫 낚시의 새벽 : 런치패드는 "첫 낚시의 새벽"으로 비유되며, "새벽 네 시 마당 쓸고 키를 돌려 문을 여세요 낚시꾼 고래를 부르는 떡밥 하나" 라는 표현은 새로운 기회를 잡기 위한 부지런함과 희망을 담고 있다. 이는 기술을 통해 새로운 시작을 꿈꾸고, 성공을 위해 노력하는 인간의 열정과 기대를 시적으로 나타낸다. 런치패드는 단순한 플랫폼이 아니라 '희망'과 '새로운 시작'에 대한 보편적인 인간의 열망을 담고 있다.

'암호화폐의 시간', '아카샤슈퍼브릿지' 등도 시장의 흐름과 자산의 길을 인간적 관점에서 조망한다. 시인은 경제 시스템을 인문학적 관점에서 바라보도록 독자를 초대하며, 호황과 불황, 혁신과 통합의 시기를 정의하는 감정적 저류를 인식하도록 한다.

제5부: 디지털 자아, '존재를 증명하는 눈동자'

시집의 제5부 「존재를 증명하는 눈동자」는 NFT, 메타버스, 생체 정보와 같은 개념이 가상이지만 실제와 같은 세계에서 개인의 정체성, 가치, 기억, 그리고 공동체와 어떻게 연결되는지를 탐구한다. 시인은 디지털 시대에 정체성이 어떻게 구성되고 인식되는지에 대한 심오한 변화를 탐구한다.

● NFT (대체 불가능 토큰)

이름을 부르는 네트워크, 하나뿐인 별자리, 진화하는 감성의 손끝, 나를 증명하는 가상세계, 생체 정보는 나의 기록:

- NFT는 디지털 세상에서 개인의 고유한 존재와 가치를 인정하고 호명하는 역할을 한다. "너와 나의 유전자가 화폐가 되는 시대 세상에 하나뿐인 고유한 별

자리가 온라인 플랫폼 위에서 길을 열며 숨 쉽니다"라는 표현은 개개인의 독특함이 가치를 가지는 시대를 예고한다. NFT는 단순한 인증 도구가 아니라, 자아의 확장, 심지어 데이터로서의 자아가 되고 있다. '유전자가 화폐가 되는 시대'라는 생각은 고유한 개성이 급진적으로 상품화되거나 가치화되는 것을 시사한다.

- 기술의 발전이 인간의 감성적 교류와 신뢰 형성 방식에까지 영향을 미친다는 깊은 통찰을 보여준다. "지문은 손끝을 향해 신용에서 감성까지"라는 구절은 디지털 시대의 신용과 감성적 연결의 진화를 암시한다.

- NFT가 가상세계에서 개인의 정체성과 가치를 증명하는 수단이 되며, 새로운 변화의 시대를 살아가는 인간의 모습을 그린다. "이제는 나를 세워 나의 가치를 증명하면 가능해 스마트거래선 위 변화의 강을 건너는 일"이라는 구절은 디지털 환경에서의 자기 증명과 가치 창출의 가능성을 보여준다.

- 생체 정보가 단순한 데이터가 아니라, 개인의 역

사, 존재, 감정, 그리고 자아를 담고 있는 깊이있는 기록임을 강조한다. "지문은 나의 과거 홍채는 내 우주 뇌파는 내 떨림이야 DNA는 나自我라는 기록"이라는 표현은 기술이 인간 존재의 본질을 탐구하는 도구가 될 수 있음을 시사한다. 생체 정보를 내면의 상태('떨림'으로서의 뇌파)와 개인의 역사('과거'로서의 지문)에 상세히 연결하는 것은 우리의 디지털 발자국이 단순한 표현이 아니라 우리 존재 자체의 구현임을 암시한다. 이는 물리적 자아와 그 디지털 표현 사이의 경계를 모호하게 하여, 하이브리드 현실에서 '나' 또는 '자아'를 구성하는 것이 무엇인지에 대한 재평가를 강요한다. 이 섹션은 디지털 정체성의 철학적 함의를 깊이 파고들며, 프라이버시, 자신의 데이터-자아에 대한 소유권, 그리고 가상과 현실이 점점 더 얽히는 세상에서의 존재 자체의 본질에 대한 질문을 제기한다.

● 메타버스Metaverse

가슴에서 시작되는 팬덤, 기억에서 세운 문화, 실크로드는 Korea

- 메타버스가 단순한 가상 공간이 아니라, 인간의 열정, 꿈, 그리고 공동체적 유대감이 시작되는 감성적인 공간임을 나타낸다. "가슴에서 울려오는 빛의 팬덤을 디자인하자 따뜻이 심장을 달구는 메타버스 플랫폼 안에서"라는 구절은 메타버스의 감성적이고 몰입적인 측면을 강조한다.

- 메타버스가 과거의 기억과 역사를 바탕으로 새로운 문화를 창조하고, 특히 K-POP과 같은 현대 문화현상이 메타버스 공간에서 어떻게 확장되고 공감대를 형성하는지를 보여준다. "BTS가 세운 탑들이 공감문화로 우뚝 서 있다"는 구절은 메타버스가 집단적 기억과 문화적 정체성을 담아내는 그릇이 될 수 있음을 시사한다.

- 메타버스가 과거의 실크로드처럼 문화와 교류의 통로가 되며, 특히 한국의 문화적 영향력(K-팬덤)이 디지털 공간에서 전 세계로 뻗어 나가는 현상을 나타낸다. "실크로드는 Korea 팬덤"이라는 표현은 메타버스 안에서 형성되는 팬덤과 공동체가 새로운 시대의 강력

한 동력이 됨을 강조한다. 메타버스는 집단 기억과 글로벌 소프트 파워를 위한 문화적 용광로 역할을 한다.

제6부: 불가능의 다리를 건너다
- 기술과 신념의 윤리적 조화

시집의 제6부 〈불가능의 다리를 건너다〉에서는 SOLID, DEXnet, 앤디와 같은 기술적 개념들이 단순한 도구를 넘어 살아있는 윤리적 존재로 묘사되며, 이는 인간의 가치와 '불가능의 다리'라는 개념과 깊이 연결된다. 시인은 기술이 인간의 근본적인 가치인 가족, 자유, 신뢰, 창의성과 깊이 연결될 수 있음을 보여주며, '불가능의 다리'를 통해 기술이 인간의 삶과 사회에 긍정적이고 유기적인 방식으로 통합될 수 있다는 믿음과 희망을 표현한다. 기술은 더 이상 차가운 도구가 아니라, 인간의 감성과 윤리적 지향을 담아 함께 진화하는 살아있는 존재로 그려진다.

〈느티나무〉 - 신왕균 회장님께는 기술 생태계의

뿌리와 그늘, 큰 나무 같은 존재에 바치는 시.

'벼랑 끝에서도 낙원의 꿈 영글게 하는 자리'라는 구절은 누군가의 자리에 대한 감동적 감사와 헌정이다.

〈별자리〉 - 네오 엔더슨 파운더 Neo Anderson Founder 님께는 코인과 블록체인을 '별의 좌표'로 해석한 시로 기술 설계자를 별의 항로를 잇는 점성가로 묘사한다.

기술자의 비전이 단순한 계산이 아니라 미래를 잇는 도형 그리기임을 보여준다.

변동성 없는 자산, 스테이블코인을 '보물함'으로 비유하며, 그 안에 담긴 것은 단지 코인이 아니라, 사람들의 신뢰와 미래임을 표현한다.

"흔들리지 않는 것의 가치는 언제나 크다"는 시인의 메시지가 담겨 있다.

● SOLID (솔리드)

아카샤의 가족, 윤리적 성장 : 솔리드는 "아카샤의 가족"으로 묘사되며, "자체 블록체인으로 첫걸음 떼며 자라나 생태계 넓혀가면서 전 세계로 비상한다"고 표현된다. 이는 솔리드가 단순한 기술적 구성 요소가 아니라, 생명체처럼 성장하고 확장하며, 아카샤라는 더 큰 존재의 일부로서 유기적인 관계를 맺고 있음을 시사한다. "우리집 보물함 안에 이름표 단 솔리드 있다"는 구절은 솔리드가 단순한 자산이 아닌, 소중하고 신뢰할 수 있는 존재로 인식됨을 보여준다. 솔리드가 "아카샤의 가족"이라는 점은 기술이 인간 사회의 근본적인 가치인 '가족'과 같은 유대감을 형성할 수 있음을 암시한다. 이는 기술이 인간의 삶에 깊이 통합되어 단순한 도구를 넘어선 존재가 될 수 있다는 '불가능의 다리'를 건너는 믿음을 표현한다.

● DEXnet (덱스넷)

스스로 빛나는 자유, 탈중앙화의 윤리 : 덱스넷은 "데이터 센터 없이도 스스로 구현되는 최초의 저장 방식"으로 소개되며, "덱스넷, 스스로 빛나요" 라고 의인화된다. 이는 중앙 집중적인 통제 없이도 스스로 기능하고 가치를 창출하는 자율적인 존재임을 강조한다. "중앙 없는 그 설계 다시 탈중앙 향하죠"라는 구절은 덱스넷이 탈중앙화라는 블록체인의 핵심 윤리를 끊임없이 추구하며, 진정한 자유를 지향하는 기술임을 나타낸다. "물 흐르듯이 자유의 길을 엽니다"는 표현은 덱스넷이 자연스럽고 유연하게 자유를 실현하는 모습을 보여준다. 덱스넷의 '스스로 빛나는' 특성과 '탈중앙화'는 인간의 자율성과 자유라는 근본적인 가치와 연결된다. 이는 기술이 개인의 통제권을 강화하고, 권력의 분산을 통해 더 공정하고 투명한 사회를 만들 수 있다는 '불가능의 다리'를 제시한다.

● **앤디**ANDY

밈의 생명력과 비공식적 힘 : 앤디는 "밈이 살아 있습니다 인셉션 체인의 첫 밈"으로 소개되며, "순수한 DNA가 새 토양에 내린 뿌리"라고 표현된다. 이는 앤디가 단순한 인터넷 유행을 넘어, 생명력을 가진 존재이자 새로운 생태계의 시작을 알리는 뿌리 같은 존재임을 시사한다. "개발자는 아니랍니다"라는 구절은 앤디가 전통적인 기술 개발의 틀을 벗어나, 자생적으로 발생하고 성장하는 비공식적인 힘을 가지고 있음을 강조한다. "모든 것이면서도 아무것도 아닌 존재", "로드맵 아니면서도 코인이자 상징입니다", "유틸은 없습니다만 체인을 깨는 힘 있죠"등의 역설적인 표현들은 앤디가 기존의 정의와 범주를 초월하는 독특하고 강력한 존재임을 나타낸다. 앤디의 '밈'으로서의 생명력과 '비공식적인 힘'은 인간의 창의성, 자발성, 그리고 기존 질서에 대한 도전이라는 가치와 연결된다. 이는 기술이 예측 불가능한 방식으로 진화하며, 공식적인 시스템 밖에서도 강력한 영향력을 발휘할 수 있다는 '불가능의 다리'를 보여준다.

제7부: 기술과 신념의 언어
- 블록 위의 약속, 축제의 시학

시집의 마지막 제7부 〈기술과 신념의 언어〉는 블록체인 기술과 관련된 여러 개념들이 단순한 도구를 넘어 신념, 공동체, 그리고 미래의 약속을 상징하는 것으로 승화되는 과정을 시적으로 표현한다. 이 섹션에서 기술은 사랑으로 옮겨지는 마지막 주춧돌을 놓는다. 여기서 제시되는 개념들은 미래에 대한 굳건한 신념, 상호 연결된 공동체의 형성, 그리고 더 나은 사회를 향한 약속이라는 심오한 의미로 승화된다. 기술은 인간의 삶과 감정, 그리고 사회적 가치와 깊이 연결되는 모습을 보여주며, 블록체인이 단순한 도구가 아닌 새로운 시대의 정신적, 사회적 기반이 될 수 있음을 암시한다.

● **아카샤 코인** Akasha Coin

레이어 제로에서 온 미래 : 아카샤 코인은 단순히 '레이어제로 코인'으로 '미래를 연결'하는 도구가 아니다. 기존 블록체인의 문제점들을 '근본부터 해결'하고, '초고속 거래'와 '진입장벽을 낮추어 누구나 쉽게 건너도록' 하는 역할을 한다. 이는 기술적 효율성을 넘어, 블록체인 기술이 지향하는 '세계화'와 'Web3를 당겨가는 힘'을 상징한다. 즉, 아카샤 코인은 기술적 진보를 통해 더 나은 미래를 구현하려는 신념과 약속의 매개체가 된다.

● **호들** HODL **(앱)**

신념의 저장소 : '호들'은 '보물 함 저장고'에 '발아하는 씨앗'을 비유하며, 외부의 '소란'과 '하락 장 변동'에도 '끄떡없는 신념'을 강조한다. 이는 단순히 자산을 보

유하는 행위를 넘어, 블록체인 기술과 그 가치에 대한 굳건한 믿음, 즉 신념을 상징한다. 시장의 불안정 속에서도 흔들리지 않고 미래를 바라보는 공동체의 정신을 담고 있다. Hold on for dear life / "잡아라, 소중한 삶을 위하여, 기다려라" 며 신념의 저장소로 명명한다

● 유동성 제공(Provide Liquidity)

자산이 일하는 시간 : '유동성 제공'은 '당신의 자산은 당신을 위해 일합니다'라는 구절에서 단순히 자산을 운용하는 것을 넘어, 자산이 능동적으로 가치를 창출하는 주체로 묘사된다. 이는 '안전장치 필요한 때' '내일의 길을 열며' '참으로 귀인 오셨다'는 표현을 통해, 유동성 제공이 개인의 자산 증식을 넘어 미래를 위한 긍정적인 변화와 약속을 의미함을 보여준다.

● 스테이블코인(Stablecoin)

담보 위의 화폐, 양날의 코인, 규제 속의 뿌리 : 스테이블코인은 '기존 화폐 가치 따라 발행되는 암호화폐'로, '실물자산 담보로 하여 가격 안정을 꾀한다'고 설명된다. 이는 변동성이 큰 암호화폐 시장에서 안정성

을 제공하며, '담보형 기축통화'로서 신뢰를 구축하려는 노력을 보여준다. 시는 스테이블코인이 '법안은 마련되지만 양날의 검이 번쩍인다'고 표현하며, '신용카드, 현금보다 빠르고도 안전한가'라는 질문과 함께 '세탁 놀음에 쓰이진 않을까 두렵다'는 우려를 드러낸다. 이는 기술의 발전이 가져올 수 있는 양면성과 함께, 규제 속에서 '서민 초의 터'가 될 수 있을지에 대한 미래 지향적인 고민을 담고 있다. 즉, 스테이블코인은 단순한 금융 도구를 넘어 사회적 신뢰와 규범 속에서 자리 잡아야 할 미래의 약속을 상징한다.

● **블록 위의 약속**

진심이 새겨진다: 이 부분은 '한 조각의 진심이 어딘가에 남겨진다'며 블록체인에 기록되는 정보의 영원성을 강조한다. 이는 '거짓이 머물 곳 없이 진실만 새겨진다'는 표현을 통해 블록체인이 단순한 기록 장부를 넘어 진실과 신뢰를 보장하는 시스템임을 나타낸다. 또한, '너와 나를 연결한다 우리 모두 강강술래'라는 구절은 블록체인을 통해 사람들이 연결되고 '신뢰로 묶인 이름들'이 되는 공동체적 의미를 부여한다. 이는 기술

이 인간 관계와 사회적 신뢰를 강화하는 약속의 매개체가 됨을 보여준다.

● 창조의 길, 주춧돌

넥소라Nexora 그날의 현장 : '첫 삽을 떠 징을 박고 거푸집 치던 손길'은 넥소라의 시작을 건축에 비유하며, '집집마다 불이 켜지고 도시는 환히 밝았다'는 표현은 새로운 기술이 가져올 번영과 희망을 상징한다. 이는 단순히 기술을 개발하는 것을 넘어, 미래를 창조하고 건설하려는 신념과 노력을 담고 있다.

시대를 꿰뚫는 시인의 눈, 기술 위에 피어난 인문학적 성찰

천숙녀 시인의 시조집 『아카샤 - 레이어 제로, 기억의 첫 지층』은 전통 시조의 간결하고 응축된 형식과 첨단 블록체인 기술의 복잡한 개념을 성공적으로 융합한 기념비적인 시도이다. 이 시집은 기술을 단순히 차가운 도구나 복잡한 시스템으로 설명하는 것을 넘어, 그 안에 내재된 인간의 근원적인 감성, 철학적 사유, 그리

고 사회적 가치를 깊이 있게 탐구한다.

시인은 블록, 트랜잭션, 지갑, 탈중앙화, 영지식증명등 블록체인의 핵심 용어들을 '기억의 집', '믿음을 옮기는 손길', '나를 담는 그릇', '중심 없는 중심', '증명하되 보여주지 않는다'와 같은 시적 은유로 재 탄생시켰다. 이러한 변용은 기술의 본질에서 인간의 기억, 신뢰, 정체성, 자유, 존엄성 등 보편적인 인문학적 가치를 발견하는 '디지털 인문주의'의 한 형태를 보여준다. 시조의 정형성은 복잡한 기술 개념을 핵심적인 인간적, 철학적 본질로 정제하는 '압축 알고리즘' 역할을 수행하며, 기술적 잡음을 걸러내고 그 이면에 있는 인문학적 핵심을 드러내는 '철학적 필터'로 기능한다.

특히 '레이어 제로'는 분절된 블록체인 세계를 하나로 꿰는 연결 자 이자, 나아가 사회적 단절과 고립을 극복하고 통일성을 갈망하는 인간의 염원을 담은 강력한 은유로 작용한다. 기술의 대중화는 '기다림의 해방'으로 표현되며, 이는 기술이 특정 전문가 집단의 전유물에서 벗어나 광범위한 참여와 혜택을 가능하게 하는 사회적 자유의 확장을 의미한다.

또한, 브릿지, 슈퍼노드, 가디안노드, 블랙카드와 같은 실용 기술들은 신뢰를 구축하고 일상생활에 깊이 침투하여 구체적인 이점과 정서적 위안을 제공한다. 특히 '패시브 인컴'이 예술인의 삶을 지탱하는 '등불'이 되는 모습은 기술이 단순히 경제적 진보를 넘어 인간의 삶의 질을 향상시키고 예술과 같은 인간적인 가치를 지탱하는 실질적인 역할을 할 수 있음을 보여준다. 시장 역학을 다루는 제4부에서는 인셉션, OTC, 베어마켓, 런치패드와 같은 개념들이 진실, 불안, 희망, 끈기 등 집단적 인간 심리의 반영으로 묘사되며, 기술이 인간의 감정으로 고동치는 살아있는 실체임을 드러낸다.

디지털 자아를 탐구하는 제5부에서는 NFT, 메타버스, 생체 정보가 물리적 정체성과 디지털 정체성 간의 경계를 모호하게 하며 '자아'의 개념을 재정의한다. NFT는 개인의 고유성을 디지털 자산으로 변환하고, 생체 정보는 개인의 역사와 존재를 기록하는 깊이 있는 증거가 된다. 메타버스는 단순한 가상 공간을 넘어 집단 기억과 글로벌 소프트 파워를 위한 문화적 용광로로 기능하며, K-팬덤과 같은 문화 현상이 디지털 공간에서 확장되는 모습을 보여준다.

SOLID, DEXnet, 앤디와 같은 기술 개념들은 단순한 도구를 넘어 살아있는 윤리적 존재로 묘사된다. 이들은 성장하고, 자율적이며, 신뢰를 기반으로 하고, 생명력을 가진 존재로서 인간의 근본적인 가치와 깊이 연결된다. 이는 기술이 차가운 도구가 아니라 인간의 감성과 윤리적 지향을 담아 함께 진화하는 살아있는 존재가 될 수 있다는 '불가능의 다리'를 건너는 시인의 믿음을 표현한다. 아카샤 코인, HODL, 유동성, 스테이블코인 등은 기술적 기능을 넘어 미래에 대한 굳건한 신념, 상호 연결된 공동체의 형성, 그리고 더 나은 사회를 향한 약속이라는 심오한 의미로 승화된다.

끝으로 천숙녀 시인이 이러한 시집을 낼 수 있는 것에 대한 이유를 간단하게 설명을 하고자 한다. 올해 들어 나는 시인의 『구철초』 시집에 대한 평론을 쓴 적이 있는데 이때 동시대 시인들과 비교한 내용을 소개한 적이 있다. 나는 이제서야 왜 시인이 이러한 시를 쓸 수 있는지를 이해하게 되었다. 내용을 소개하자면 "나태주 시인의 경우『풀꽃』에서 "자세히 보아야 예쁘다 / 오래 보아야 사랑스럽다" 라며 작은 것들에 대한 따뜻한 시선을 보여준다. 이는 천숙녀 시인의 들꽃 사랑과 통하는 면이 있지만, 나태주시인이 주로 관찰자적 입장에서 자연을 바라본다면, 천숙녀 시인은 자연과 자신을 동일시하며 풀꽃시화 작업으로 더 깊은 동화 의식을 보여준다.

정호승 시인의 경우『수선화에게』에서 "울지 마라 / 외로우니까 사람이다" 라며 꽃을 통해 인간의 보편적 정서를 노래한다. 이 역시 천숙녀 시인의 접근법과 유사하지만, 정호승 시인이 개인적 정서에 머문다면 천숙녀 시인은 개인을 넘어 민족적, 사회적 차원으로 확장 시킨다.

김사인 시인의 경우『꽃밥』등에서 자연과 인간의 관계를 더 철학적으로 접근한다. 하지만 김사인의 철학적 사유가 다소 관념적인 경향을 보인다면, 천숙녀 시인은 구체적인 식물의 생태적 특성에서 출발하여 더 현실적이고 체험적인 접근을 보여준다"라는 것이다.

이렇듯 시인은 관찰자가 아닌 깊은 동화 의식, 개인을 넘어선 민족적, 사회적 차원의식 수준, 관념적인 경향보다는 현실적이고 체험적인 경향을 가지고 있어, 오늘날의 기술의 시대에서 『아카샤 - 레이어 제로, 기억의 첫 지층』 같은 시집을 쓸 수 있는 것이라 생각이 되었다.

결론적으로 천숙녀 시인의 시조집 『아카샤 - 레이어 제로, 기억의 첫 지층』은 블록체인 기술이 단순한 기술적 혁신을 넘어, 인간의 삶과 감정, 그리고 사회적 가치와 깊이 연결되는 새로운 시대의 정신적, 사회적 기반이 될 수 있음을 시적으로 증명한다. 이 시집은 기술 시대를 살아가는 인간이 어떻게 자신의 존재를 증명하고, 신뢰를 구축하며, 공동체를 형성하고, 궁극적으로 더 나은 미래를 향해 나아갈 수 있는지를 문학적 언어로 제시하는 중요한 인문학적 성찰의 결과물이라 할 수 있다.

오인택

숭실대학교 공학박사(IT Policy & Management)
서강대 경제학석사
(현)KTDS전략AX본부장/전무
(전)KT IT부문 IT컨설팅본부장/ 상무
(전)KT NexR사외이사
중앙대학교 일반대학원 문화예술경영학과 겸임교수

나래시조시인협회 회원
시집 『은꽃연가』
한국산림문학 이사
한국문인협회 회원
국제PEN 회원
한국벤처창업학회 이사
중앙대학교 일반대학원 문화예술경영학과 겸임교수
한국정보처리학회 부회장
KAIST Fourth Revolution Intelligence Center 자문위원
한양대학교 소프트중심대학 교과과정 자문위원
건국대학교 창업지원센터 자문위원
경희대학교 캠퍼스타운사업단 Master[멘토]
한국정보산업협회 한이음대회 심사위원

오인택 시인은 IT 공학박사이자 대기업 임원으로 기술의 최전선에서 일하면서도, 동시에 사람의 마음을 깊이 이해하고 기록하는 시인의 길을 걷고 있다. 또한 AI를 감정을 담는 도구로 활용하는 창작 실험을 펼치는 등 기술과 문학의 만남을 적극적으로 시도하고 있다.

아카샤Akasha

초판 1쇄 | 2025년 10월 18일

저　자 | 천숙녀
발행인 | 윤승천
발행처 | (주)건강신문사

등록번호 | 제25100-2010-000016호

주　소 | 서울특별시 은평구 통일로 712-1
전　화 | 02)305-6077(대표)
팩　스 | 02)305-1436

인터넷건강신문 | www.kksm.co.kr
한국의첨단의술 | www.khtm.co.kr
헬스데일리 | www.healthdaily.co.kr

ISBN 978-89-6267-154-4 (03800)

◆ 잘못된 책은 바꾸어 드립니다.
◆ 이 책에 대한 판권과 모든 저작권은 (주)건강신문사에 있습니다.
◆ 허가없는 무단인용 및 복제 · 복사 · 카페 · 블로그 · 인터넷 게재를 금합니다.